S

1° Moyen p[r] durée des Vins.
2° Leçon sur la grappe.

MOYEN
CERTAIN ET FONDÉ
SUR L'EXPÉRIENCE GÉNÉRALE,

Pour assurer & prolonger, pour ainsi dire, à volonté la durée des Vins, & en prévenir la dépravation & toutes les maladies ;

Avec un PROCÉDÉ pour la Manipulation & l'Amélioration de tous les Vins :

Le tout joint à l'Art de la Vigne ; contenant une nouvelle méthode économique de cultiver la Vigne, les expériences qui en ont été faites, & l'Approbation de l'Académie Royale des Sciences.

A l'usage de tous les Pays de Vignoble & même des Marchands de Vin & des Consommateurs.

Par M. MAUPIN, Auteur de l'Art des Vins & de la seule Richesse du Peuple.

Prix 3 liv. 12 f. avec le reçu signé de l'Auteur.

A PARIS,

Chez { MUSIER, GOBREAU, } Libraires, Quai des Augustins.

M. DCC. LXXXI.

Avec Approbation, & Permission.

AVIS DE L'AUTEUR.

FAIRE de mauvais Vins, quand on pourroit en faire de bons; laisser gâter ses Vins, quand on pourroit les conserver; cultiver la Vigne à grands frais, & en borner soi-même le produit, quand on pourroit économiser une partie considérable des avances, & en même-temps multiplier la production; voilà, à l'exception de quelques sages, ce que font tous les Vignobles, à leur préjudice, comme à celui de la Société; & cela dans un siecle économique, dans un siecle éclairé & philosophe, dit-on. Quelles lumieres! quelle Philosophie, & sur-tout quelle économie!

Cette étrange inaction des Vignobles & de tout ce qui les entoure, a une cause, sans doute, & elle en a même plusieurs. Je pourrois les approfondir; mais mon dessein, dans cet Avis, n'est que d'exposer les motifs qui m'ont déterminé à réunir mes découvertes, ou au moins celles dont les objets, quoique très-différens, ont pourtant entr'eux le plus grand rapport, tels que sont ceux de l'Art de la Vigne & de celui des Vins.

Quand j'ai publié mon dernier Procédé pour la Manipulation des Vins, ma premiere intention avoit été de le joindre à l'Art de la Vigne; mais une délicatesse déplacée & de petites considérations particulieres, toujours faites pour disparoître devant l'intérêt général, ou du grand nombre, m'en ont empêché. Cette facilité, de ma part, a eu un mauvais effet. Beaucoup de personnes qui avoient l'Art de la Vigne, n'ont point pris le Procédé, & beaucoup ont pris le Procédé, qui n'avoient point l'Art de la Vigne; en sorte que généralement tout s'est passé contre mes intentions, & contre le plus grand intérêt des Vignobles, en faveur desquels il n'est pas moins nécessaire de répandre ma nouvelle Culture, que ma Manipulation.

Ces deux parties, d'ailleurs, sont si naturellement liées, que qui peut les réunir, ne doit apparemment pas les séparer : c'est cette raison qui, avec les autres motifs que je viens d'exposer, m'a déterminé à les joindre.

Cependant, par égard pour les personnes seulement qui ont l'Art de la Vigne, je consens de détacher de cet Ouvrage, le moyen de conservation que je publie, & toutes les parties du Procédé qui y sont jointes, en représentant par elles, aux Libraires, l'Exemplaire qu'elles ont acheté, ou en me faisant l'honneur de m'écrire, & en affranchissant leurs lettres; moyennant quoi, tout ce qui concerne les Vins, leur sera délivré, au prix de 30 sols, avec le reçu que j'y ai joint, pour prévenir par la suite un pareil embarras.

Ce reçu est imprimé sur un petit quarré de papier, & signé de moi. Je le donne à plusieurs fins, & entr'autres, comme on le verra, à l'occasion des demandes qui pourront m'être adressées pour la publication de mon Ouvrage entier sur les Vins.

MOYEN

POUR CONSERVER LES VINS.

LA plus grande perfection possible des Vins dépend de trois parties principales & très-distinctes.

La premiere, dans l'ordre naturel, & encore à cause de son importance, principalement dans des années telles que 1779 & 1780, est l'art de savoir prendre la Vendange à propos : cet art, qui va plus loin qu'à préserver la récolte, est si nécessaire que, dans bien des cas, il l'est autant, pour ne pas dire plus, que l'art entier des Vins, & que, sans lui, tous les efforts de ce dernier seroient inutiles ou presqu'inutiles. J'en ai fait l'épreuve en 1779, & je ne serois pas surpris que beaucoup d'autres l'eussent fait en 1780, dans ma propre Manipulation.

La seconde partie est l'art de la Manipulation & de la Fermentation des Vins. Cette seconde partie est généralement la plus intéressante : elle est la plus étendue & celle qui exige un plus grand nombre de différentes connoissances; c'est une partie composée elle-même de beaucoup d'autres grandes parties.

La troisieme partie a uniquement pour objet, la conservation des Vins, d'en prévenir la dépravation & toutes les maladies. Ma Manipulation des Vins bien exécutée, a ces effets, puisqu'il est prouvé par-tout qu'elle prolonge de beaucoup la durée des Vins, & qu'elle double & triple même celle des Vins communs; mais la troisieme partie, ou le moyen que je vais donner, est encore plus efficace. Son effet est de rendre les Vins, en quelque sorte, inaltérables, ou au moins d'en éloigner la corruption, beaucoup plus encore que ne le peut faire la simple Manipulation des Vins, quelque parfaite qu'elle soit d'ailleurs.

Je ne puis déterminer au juste la durée de cet effet; mais j'ose assurer, comme je l'ai déja fait, qu'en joignant à cette troisieme partie, les deux premieres, il n'y a pas de Vin, dès que ce ne sera pas de l'eau, qui ne puisse devenir aussi solide & aussi durable que les *bons* Vins de Bordeaux & de Cahors, & se conserver autant qu'eux, dans les mêmes lieux & dans les mêmes circonstances. Il seroit encore meilleur & se conserveroit encore plus longtemps, sur-tout en certaines années, s'il étoit fait par un des Procédés que j'ai annoncés, mais que je ne donnerai qu'avec l'Ouvrage entier.

Quelques Sociétés d'Agriculture & des perſonnes de toutes les Provinces me demandent ces trois parties ; mais celle qu'on paroît me demander avec le plus d'empreſſement, eſt la derniere.

Les mêmes motifs qui m'empêchent de donner les autres parties, juſqu'à ce qu'elles me ſoient généralement demandées, devroient, ce ſemble, m'empêcher auſſi de donner celle-là, & cependant ce ſont eux qui m'y déterminent. Comme, à en juger par l'empreſſement avec lequel beaucoup de perſonnes me la demandent, j'ai lieu de préſumer qu'elle ſera fort recherchée, je l'ai regardée comme le moyen le plus propre, de tous ceux qui ſont en mon pouvoir, pour exciter l'attention & l'émulation du grand nombre, & pour faire déſirer les autres parties, & en général toutes mes découvertes, qui ſont bien d'une autre néceſſité que le moyen que je vais donner, quoique pourtant ce moyen ſoit très-néceſſaire, & qu'il intéreſſe ſingulièrement la premiere branche de notre commerce extérieur.

Ce moyen eſt certain, très-innocent, & par-deſſus cela très-facile.

MOYEN ou PROCÉDÉ pour assurer la durée des Vins, & en prévenir la dépravation.

C'est une chose avouée & soutenue par tous les pays de vignoble, que la grappe a la propriété de conserver les Vins. Rien n'est plus avéré que cette propriété de la grappe, & c'est pourquoi je ne m'arrêterai point à en rapporter ici les preuves : le consentement général & universel les suppose & en dispense. On peut, au surplus, en voir les raisons & toutes les autres qualités de la grappe dans la Leçon où j'en ai traité, & qui est jointe à cet Ecrit.

Conserver les Vins & en prévenir la dépravation & les maladies, est sans doute une même chose. Qui dit l'un dit l'autre. La grappe, de l'aveu de tous les Vignobles, a la propriété de conserver les Vins : la grappe a donc aussi, de l'aveu de tous les Vignobles, la propriété d'en assurer la durée & d'en prévenir la dépravation; autrement il seroit faux de dire qu'elle les conserve.

Mais pour opérer tous les effets extraordinaires que j'annonce, ce n'est point assez d'employer la grappe, comme il est ordinaire de le faire; il faut nécessairement l'employer en plus grande quantité, ce qui généralement n'est pas possible, ou d'une autre maniere, qui, sans multiplier la grappe, en multiplie les acides, & puiſſe les extraire en plus grande quantité qu'il n'eſt poſſible de le faire par la fermentation.

Toutes les perſonnes qui connoiſſent ma Manipulation, ſavent que, ſuivant mes principes, il eſt preſque toujours néceſſaire d'échauffer les cuves par des raiſins bouillans, pour accélérer & perfectionner la fermentation : c'eſt, ainſi qu'on le peut voir dans tous mes Ouvrages, & en particulier dans le Procédé que j'ai réuni à ce Mémoire, une partie eſſentielle de ma Manipulation.

J'ai toujours dit qu'il falloit égraper ces raiſins, & j'ai eu des raiſons pour lè dire encore dans le Procédé dont je viens de faire mention. Aujourd'hui que d'autres raiſons ont pris la place de celles-là, je dis qu'il ne faut plus égraper, & qu'au contraire il eſt abſolument néceſſaire de conſerver la rafle, & de la faire bouillir fortement avec les raiſins, dans la vue d'étendre la durée des Vins auſſi loin qu'il eſt poſſible qu'elle aille. Voilà tout mon moyen, & il n'y en a point d'autres.

La quantité des raiſins bouillans, employés comme véhicule de la fermentation, doit varier ſuivant la différence des années; il en eſt de même en les employant avec la grappe comme moyen de conſervation. Les années molles &

pluvieuses sont celles où il en faut le plus; & les années seches jusqu'au moment de la vendange, celles où il en faut le moins. Il y a un cas où il en faudroit plus que dans tous les autres; mais ce cas, qui subsiste encore à la honte de toutes les Sciences, ne subsistera plus, si on le veut, quand j'aurai donné toutes mes découvertes, & c'est pourquoi je n'en parle pas.

Ces raisins seront coupés, apportés, conservés & placés dans la cuve dans le temps & de la maniere que je l'ai dit dans le Procédé. Seulement on les fera bouillir plus long-temps, afin d'extraire tous les acides de la grappe autant qu'il sera possible.

Ce moyen, comme on voit, est fort simple; & sûrement on n'en niera pas l'efficacité. A la vérité, dans le plus grand nombre des années, il durcira les Vins, & souvent il les durcira beaucoup; mais outre qu'on sera maître de le modérer à volonté, c'est que, s'il est vrai qu'il durcisse les Vins, il est vrai aussi qu'il en assurera la durée, & qu'il en préviendra, non-seulement la dépravation totale, mais toutes les maladies. On peut consulter la Leçon sur la Grappe.

Beaucoup de personnes s'accommoderont peut-être du Procédé que je viens de donner; mais il y a lieu de croire que le grand nombre préférera celui que je vais décrire : son objet est beaucoup plus étendu, & il rendra l'application du moyen beaucoup plus facile, & en même-temps beaucoup plus générale.

Nouvelle espece de Vin, pour conserver les Vins, avec le Procédé pour faire cette espece de Vin.

PROCÉDÉ.

Si, par supposition, on a de la vendange pour faire cinquante pieces de Vin, on en prélevera un vingtieme, un quinzieme, un dixieme, plus ou moins, à volonté, pour faire l'espece de Vin dont il s'agit.

On mettra cette partie de vendange dans un vaisseau proportionné à la quantité : on en réservera le tiers pour être chauffé.

On façonnera ce Vin pour le temps des chaudieres, & dans tous les points comme les autres Vins.

Il y a pourtant plusieurs différences très-essentielles.

La premiere, c'est, qu'autant que faire se peut, il ne faut composer la cuvée que de raisins noirs, sans mélange de raisins blancs, & toujours des raisins les plus mûrs.

La seconde, c'est qu'il faut laisser la grappe aux raisins destinés à bouillir, au lieu de la leur ôter.

La troisieme, c'est qu'on fera bouillir le tiers de la vendange, au lieu de n'en faire bouillir que la quinzieme, la vingtieme ou la trentieme partie.

La quatrieme, c'est que ces raisins doivent encore être plus bouillis que les autres, afin d'extraire une plus grande quantité des sucs de la grappe.

Il est bon aussi de les laisser un peu réduire, principalement dans les années molles ou les vendanges pluvieuses. Ce Vin, alors, aura deux grands effets : il conservera les Vins & les bonifiera, en y portant un acide conservateur, & en même-temps plus d'esprits & d'autres parties amélioratives.

Pour faciliter le passage des raisins bouillans, qui, à cause de la grappe, pourroient s'engorger dans le tuyau de l'entonnoir, on pourra augmenter un peu la quantité du liquide, en achevant de remplir la chaudiere avec du moût tiré de la cuve. Ceci peut s'appliquer également dans les occasions où les raisins ont été égrapés; mais dans l'un ou l'autre cas, il ne faut ajouter ce moût que lorsque la chaudiere a été absolument retirée du feu : car, comme je l'ai dit ailleurs, il ne faut jamais faire chauffer de moût ni de raisins pris dans la cuve.

Je n'ai pas besoin, sans doute, d'expliquer

les raisons pour lesquelles je conseille de faire chauffer un tiers de la vendange, ni de dire que les personnes qui voudroient en faire chauffer une moindre quantité, en sont les maîtres; mais alors le Vin en seroit un peu moins propre à son usage, & il en faudroit une plus grande quantité pour produire le même effet.

On pourroit aussi, & quelquefois avec beaucoup de raisons, doubler la quantité des raisins bouillans, ou mettre la moitié plus de grappe, en prenant, par le moyen de l'égrapage, celle d'une partie des raisins d'une autre cuvée. Tout cela est à volonté, & peut dépendre des circonstances; mais en général j'estime qu'on peut se borner, pour l'ébullition, à la proportion que j'ai indiquée.

Les raisins bouillans seront préparés, & la cuve couverte & conduite ainsi que je l'ai marqué pour les autres Vins dans le dernier Procédé que j'ai publié, & qu'on trouvera à la suite de la Leçon sur la Grappe.

A l'égard du décuvage, on se conformera à l'indication que j'ai donnée dans le Problême.

Si, ce qui me paroît préférable, le Vin de conservation est fait avant ou en même-temps que les autres Vins, alors, avant d'entonner ces derniers dans les pieces qui doivent les recevoir, on pourra y verser un vingtieme du Vin de conſervation, plus ou moins, ſuivant les circonſtances, & comme on jugera à propos.

Si les autres Vins étoient entonnés avant que le Vin de conſervation fût fait, alors, auſſi-tôt qu'il ſera fait, on tirera des autres Vins ou des pieces qui les contiendront, la même quantité de Vin qu'on voudra y en remettre; le plutôt, apparemment, ſera toujours le mieux : mais, dans la crainte de donner dans l'excès, il ſera toujours prudent d'en mettre d'abord moins que plus, attendu que, dans ce cas, il eſt toujours plus aiſé d'ajouter que de retirer.

En s'y prenant de cette maniere, on doſera les Vins à volonté, & ils n'auront juſte que le degré d'âpreté qu'on jugera convenable de leur donner, relativement aux lieux, à l'année & aux circonſtances.

USAGE du Vin de conſervation pour rajeunir les Vins, & les perpétuer, pour ainſi dire, à volonté.

Les Vins peuvent être foibles; ils peuvent être vieux & avoir perdu de leur vigueur, & cependant être encore ſains & entiers, quoiqu'avec une quantité de chacun de leurs principes conſtituans, moindre que celle qu'ils avoient ou qu'ils auroient pu avoir. Des Vins ſont ſains & entiers quand l'aggrégation de leurs parties n'eſt point encore rompue.

La cauſe propre & générale du peu de durée & de la dépravation des Vins, eſt l'excès de la partie aqueuſe ſur les autres principes, & en particulier ſur l'acide de la Grappe. Il faut bien qu'il en ſoit ainſi, puiſqu'il eſt prouvé, d'un côté, que les Vins où ce principe abonde le plus, toutes choſes égales d'ailleurs, ſont ceux qui ſe conſervent le mieux, & que de l'autre, les Vins où il manque, & qui, en naiſſant, n'ont aucune âpreté, ſont ceux qui ſe conſervent le moins, ou plutôt qui ne peuvent ſe conſerver. On peut en juger par les Vins de 1779, & même déja par ceux de 1780.

Le ſel ou acide de la grappe eſt, par rapport aux Vins, ce que le ſel marin eſt par rapport aux ſubſtances animales. L'effet de cet acide eſt de conſerver les Vins, & il peut les conſerver & les conſolider dans toutes les circonſtances où leur menſtrue ou partie aqueuſe eſt dépourvue de cet acide, & que cet acide, diſſous par excès dans un menſtrue pareil, peut ſe combiner avec le leur & y retenir tous les autres principes.

L'excès dans l'un & la privation dans l'autre ſont les deux conditions néceſſaires pour la combinaiſon des deux liqueurs & la conſervation des Vins.

Toutes

Toutes les fois que ces deux conditions se rencontrent avec l'intégrité des Vins, l'effet du moyen est sûr; & comme ce moyen peut s'employer & se répéter en telle quantité & aussi souvent qu'il peut être nécessaire, & que d'ailleurs le Vin de conservation sera généralement plus vigoureux que les Vins pour lesquels on l'employera, il s'ensuit bien clairement, ce me semble, qu'on pourra rajeunir & perpétuer, en quelque sorte, les Vins à volonté, pourvu toutefois que des causes externes plus fortes que le moyen n'y mettent obstacle; mais, dans ce cas-là même, les Vins se défendront toujours beaucoup mieux que s'ils n'avoient pas été secourus.

Combien de Vins de l'avant-derniere récolte ont été gâtés? Combien de Vins de la derniere récolte le seront encore, qui, avec le Vin de conservation, auroient pu & pourroient ne pas l'être? Combien de bons Vins, d'excellens Vins, de Vins de prix, dont on pourroit prolonger la durée, & qui finiront plutôt, & peut-être seront perdus, faute de ce moyen? Combien de Vins, qui ne peuvent se transporter d'une Province à l'autre, & encore moins sur Mer, qui, à l'aide de ce moyen, le pourroient? Combien de Vignerons, de Propriétaires de Vignes, de Marchands de Vins & de Consommateurs perdront leurs Vins dans leurs celliers ou dans leurs caves, qui auroient pu ne pas les perdre; ou plutôt combien qui, à l'aide de ce moyen, pourront dorénavant conserver leurs Vins, qui, sans lui, ne le pourroient pas ?

On peut l'employer dans tous les temps, mais, ce me semble, avec plus d'avantage lorsque les Vins travaillent & sont en mouvement.

La quantité ne peut être déterminée que par le besoin du Vin & des circonstances, & encore par le degré de force du Vin de conservation.

A l'égard des Vins nouveaux, un quinzieme ou un vingtieme, en général, me paroît devoir suffire, au moyen de ce que ces Vins n'auront point été égrapés.

Si, dans la vue d'avoir des Vins plus délicats, plus tendres, plus prompts à boire, ce qui est souvent avantageux, du moins pour une partie des Vins, on les avoit égrapés, en ce cas, on fera bien de ne point les affermir par le Vin de conservation, jusqu'à ce que le temps de la consommation ou de la vente de ces Vins ne soit passé, & qu'ils n'annoncent avoir besoin de ce secours. Ainsi, à la faveur du Vin de conservation, on peut multiplier à volonté, tous les Vins fins, ou présens, sans crainte de les perdre; ce qui est encore un avantage particulier au nouveau Vin.

Quant aux autres Vins qui ne sont pas nouveaux, j'estime que souvent il n'en faudra pas plus d'un quinzieme; souvent aussi, & peut-être plus souvent en faudra-t-il un dixieme, & quelquefois même au-delà.

Les Vins de conservation étant plus rares & généralement meilleurs, à cause du choix des raisins, il est à croire que, dans le commerce, ils seront un peu plus chers que les autres; mais comme, d'un autre côté, il sera fort aisé de les multiplier par-tout, à proportion de l'usage & des besoins, il est à croire que le prix n'en sera jamais excessif, ni même en comparaison de leurs effets.

Le plus grand effet du Vin de conservation sera, sans doute, de resserrer le tissu des Vins, de modérer, par la combinaison de l'acide avec la partie aqueuse, l'action continuelle & dissolvante de celle-ci sur les autres parties, & principalement sur la partie muqueuse; d'y retenir plus fortement tous les principes, volatils & autres, & par-là de prolonger la durée des Vins; mais les avantages du nouveau Vin ne se borneront pas là : comme dans les cantons communs sur-tout, il sera meilleur que les autres Vins, non-seulement il les affermira, mais encore il leur fournira une partie des principes qui pourront leur manquer; ainsi, en même-temps qu'il prolongera la durée des Vins, & qu'il en préviendra la défection, il les nourrira, les rajeunira, les fortifiera, &, au besoin, il pourroit en faire du Vin.

Je pourrai donner par la suite, pour la composition ou la perfection des Vins de conservation, des vues particulieres relatives à ces différents effets. Plusieurs de nos Provinces éloignées pourroient probablement tirer, de ces vues, un très-grand parti pour l'exportation de leurs Vins. Je pourrois aussi faire remarquer plusieurs effets ultérieurs que doit avoir le Vin de conservation, tel que je le propose; mais s'il est vrai que ce Vin ait la propriété de conserver les Vins nouvellement faits ou au sortir de la cuve; s'il est vrai, quoique peut-être ce ne puisse pas être démontré actuellement avec le même degré d'évidence que le premier effet; s'il est vrai, dis-je, que ce Vin puisse s'employer efficacement à tous les âges des Vins pour les conserver, alors j'ai rempli, & au-delà, vis-à-vis des Pays de Vignobles & du Public, les promesses que j'avois faites, & j'ai créé un nouvel objet d'industrie & de commerce.

Mais quelqu'importante que paroisse & que soit cette invention, elle l'est bien moins que toutes mes autres découvertes; ma nouvelle méthode de cultiver la Vigne; toutes les parties de ma manipulation générale des Vins, dont la nouvelle méthode de faire les Vins blancs & quelques autres sont indépendantes *; l'art ou la science de prendre la Vendange à propos, cette science, sans laquelle, en beaucoup d'années, on ne peut faire ni bons Vins, ni Vin de conservation, faute des qualités nécessaires dans la grappe & dans les raisins; *la seule Richesse du Peuple*, plus précieuse elle seule que tout le reste ensemble, puisqu'elle embrasse, par un principe simple & universel, toutes les productions de la terre, & toutes les cultures; qu'elle en diminueroit considérablement les avances, au grand avantage de tous les Propriétaires, de tous les Cultivateurs, des Manufactures, du Commerce, des Finances, des Consommateurs, & sur-tout du pauvre Peuple, qu'elle mettroit enfin dans l'aisance, par l'abondance; le nouveau plan économique, que j'ai annoncé & non donné, qui fertiliseroit les plus mauvaises terres, les terres les plus ingrates, & qui, dans ces sortes de terres & les médiocres, donneroit le double ou au moins le tiers de productions en sus de la culture ordinaire & *avec les mêmes avances* : tout cela est encore bien plus nécessaire & d'une autre utilité publique que le moyen, pourtant si nécessaire, de savoir conserver & régénérer les Vins.

---

* Voyez le Procédé ci-joint.

Plusieurs personnes, qui jugent des dispositions du Public par les leurs, me pressent d'ouvrir une nouvelle souscription pour mes différens Ouvrages, & quelques-unes, dans la vue de m'y déterminer, me flattent qu'elles me procureront des Souscripteurs. D'autres Amateurs vont plus loin, & me demandent mes découvertes à tout prix. Tout cela, sans doute, est très-invitant, & il ne peut qu'être flateur pour moi, de voir la partie la plus attentive du Public me rendre justice; mais le moyen que je vais proposer à l'égard de ma manipulation générale des Vins & de toutes les parties que j'ai promis d'y ajouter, me paroît plus sûr & plus simple qu'une souscription à argent, & d'ailleurs il s'accommode mieux avec mes vues & l'état actuel de ma santé.

Mes vues sont, que mes découvertes soient utiles à tous; c'est pour cela que je me suis donné la peine de les faire, & que j'ai tout sacrifié: tant que je n'aurai pas lieu d'espérer que tous en profiteront, je ne les donnerai pas, ou je cesserai d'en donner; & comme je ne puis être certain de leur utilité universelle qu'autant qu'elles me seront demandées universellement, ou au moins par le grand nombre, j'ai cru, pour faciliter les demandes, & assurer en même-temps l'établissement de ma nouvelle culture de la Vigne, devoir me réduire, à l'égard de mon Ouvrage sur les Vins, aux conditions suivantes.

La premiere, c'est que cet Ouvrage me soit demandé, ou par les Provinces même, ou par le plus grand nombre, ou au moins par un très-grand nombre.

La seconde, que les personnes qui me le demanderont, aient l'attention de joindre à leurs demandes, le reçu dont j'ai fait mention dans l'Avis, & qui leur sera délivré avec l'Art de la Vigne & le moyen de conservation. C'est principalement en vue de ces demandes que je me suis déterminé à donner ce reçu. Je prie ces personnes de vouloir bien me faire passer le tout, franc de port, *rue du Pont aux Choux, au petit Hôtel de Poitou.*

La troisieme, que les personnes qui me feront ces demandes, veulent bien me les adresser plutôt que plus tard, & me promettre de prendre mon Ouvrage, & de m'en délivrer le prix, franc de port, quand il sera imprimé.

Toutes ces conditions remplies, au plus tard au commencement du mois de Juin 1781, je ferai imprimer mon Ouvrage; & après en avoir reçu le prix des personnes qui me l'auront demandé, je le leur ferai passer, sans frais, dans tout le Royaume.

Le prix de l'Ouvrage ne sera pas au-dessus de

neuf livres pour les personnes qui me l'auront demandé, & c'est à ce prix que je me charge de le leur donner & de le leur faire passer; mais je prie le Public de bien remarquer les conditions que je lui propose, & que ce n'est qu'autant que ces conditions seront remplies, que je me charge de lui donner mon Ouvrage, pourvu toute fois que je n'en sois pas empêché par des infirmités, qui peut-être n'auront point de suites; mais dont les causes sont trop anciennes pour n'en pas redouter la durée.

A l'égard de la seule Richesse du Peuple, la premiere édition en étant épuisée, je me propose d'en faire faire incessamment une seconde, à laquelle je joindrai les conditions auxquelles j'en donnerai la suite, avec le nouveau Plan économique de Culture dont j'ai parlé plus haut.

FIN.

LU & approuvé ce 29 Décembre 1780.

DE SAUVIGNY.

Vu l'Approbation. Permis d'imprimer le trente Décembre 1780.

LENOIR.

De l'Imprimerie de J. CH. DESAINT, rue S. Jacques.

LEÇON

Sur la Grappe, ou Rafle des Raisins.

FAUT-IL égrapper les Raisins, ne faut-il pas les égraper ? C'est une question qui doit se décider par la considération des inconvéniens & des avantages de la chose même, c'est-à-dire, de la Grappe.

Si les inconvéniens sont plus grands que les avantages, il n'y a pas de doute qu'il faut égraper ; si ce sont les avantages, il faut conserver la Grappe.

Voici les inconvéniens : j'exposerai ensuite les avantages.

La Grappe durcit les Vins, leur donne plus de rudesse, plus d'âpreté, & par-là les rend plus tardifs & moins agréables.

Tels sont les défauts qu'on s'accorde généralement à imputer à la Grappe. Voyons maintenant les avantages qu'on peut leur opposer.

La Grappe, dit-on, durcit les Vins ; mais 1°. elle ne les durcit pas toujours, ainsi il ne faut donc pas toujours égraper. 2°. En supposant les imputations bien fondées, il est certain qu'à moins que les Vins ne soient mal faits & décuvés beaucoup trop tard, la Grappe ne les durcit & ne leur donne les autres défauts dont j'ai déja parlé, que momentanément & pour un temps. 3°. Elle les rend beaucoup plus propres à se conserver : c'est l'opinion universelle de tous les Vignobles ; & cette opinion, fondée sur l'expérience générale & de tous les pays, me paroît également fondée en principes.

On convient, ce me semble, assez généralement que l'alun retarde la défection des Vins. A Dieu ne plaise que j'approuve & que je conseille l'usage d'un minéral que je regarde comme très-pernicieux. Mais s'il est vrai qu'il ait la propriété qu'on lui attribue, ainsi qu'au sel marin calciné, pourquoi l'acide végétal & terreux du bois de la Grappe ne l'auroit-il pas aussi ? Pourquoi, par son affinité avec l'eau, & par sa vertu astringente, *cet acide ne se combineroit-il pas avec l'eau du Vin, n'en absorberoit-il pas une partie, n'en affoibliroit-il pas la propriété dissolvante & son action continuelle sur les principes du Vin*, dont par-là elle hâte la destruction ? *Pourquoi, en communiquant son astriction à la partie aqueuse du Vin, cet acide n'auroit-il pas le pouvoir de resserrer les substances auxquelles elle sert de menstrue, & de les y retenir*, soit par l'effet de sa combinaison avec ce menstrue, soit même par sa combinaison directe & intime avec une partie des principes qu'elle tient en dissolution ?

En 1768, un Magistrat qui avoit fait exécuter chez lui mes procédés, m'envoya plusieurs essais de ses Vins & de quelques autres du même crû, qui avoient été façonnés suivant l'usage du pays. Ces derniers étoient très-durs & très-âpres, parce qu'ils avoient cuvé beaucoup trop long-temps avec le bois de la Grappe, & que d'ailleurs, suivant l'usage, ils avoient été très-mal foulés & à contre-temps. Je les coupai avec un cinquieme au total de bonne eau-de-vie d'Andaye, & ces Vins, tout fraîchement faits, en furent adoucis, au point que toute leur dureté disparut, ce qui apparemment ne seroit pas arrivé, s'il n'y avoit eu une combinaison directe de l'acide de la Rafle avec la partie inflammable de l'eau-de-vie, que j'avois ajoutée à la liqueur; & ce qui semble sur-tout prouver cette combinaison, c'est que la liqueur, ou autrement dit le Vin, n'avoit qu'infiniment peu, ou même, autant que je peux me le rappeller, n'avoit rien de la saveur ni de l'odeur de l'esprit-de-vin par lequel je l'avois adouci.

Quoi-qu'il en soit de ce fait & des raisons qui le précédent, c'est une vérité avouée dans tous les pays de vignobles, que la Rafle contribue à la durée du Vin. On peut même dire, qu'à cet égard, il n'y a qu'une voix, & cette voix est fondée sur l'expérience journaliere, sur l'expérience de tous les siecles & de tous les lieux.

Mais cet avantage, pour être le plus précieux & le plus avéré de tous les avantages que peut produire la Grappe, ou son acide, n'est pas le seul qu'elle produise : elle contribue encore en beaucoup de cas à améliorer les Vins & à leur donner plus de qualité.

Dans les années pluvieuses, & même toutes les fois que, par une cause ou par une autre, il y a, par proportion aux autres principes, surabondance d'eau dans les raisins, elle en améliore les Vins & les releve, en leur donnant, par le mélange de son acide avec les autres substances du mixte, plus de fermeté & un certain caractere vineux qui leur manque toujours dans les années & les cas dont je viens de parler.

L'année 1764 fut une année assez réguliere, au moins dans le canton où étoient situées mes Vignes. Mes vendanges furent faites par un temps favorable : cependant, de deux cuvées, dont l'une étoit égrapée, & l'autre ne l'étoit pas, le Vin de la premiere fut jugé un peu plus présent, & l'autre plus ferme & plus vineux.

Les deux cuvées étoient composées de la même quantité & de la même qualité de raisins. Le temps du décuvage fut le même; & quand les Vins furent entonnés, je les fis goûter par un homme expert en ce genre, qui, sans savoir aucunement comment ils avoient été traités, en pensa comme moi, & donna la préférence à celui des deux qui n'avoit point été égrapé.

Il est donc certain, ne fût-ce que d'après cette expérience, que j'avois faite par comparaison & en vue de m'assurer de la vérité, il est donc certain, dis-je, que la Rafle contribue en général à l'amélioration des Vins, comme à leur durée.

Il est encore certain qu'elle aide à leur fermentation. Dans l'expérience que je viens de citer, la cuvée non égrapée a sensiblement fermenté plus que celle qui l'étoit. D'ailleurs, si la Rafle seule, sans raisins & sans marc, peut opérer ébullition & chaleur dans l'eau pure qui la contient, pourquoi n'auroit-elle pas la même propriété dans le moût composé d'eau & de principes avec quelques-uns desquels son acide a des affinités & est capable de se combiner?

Disons donc qu'il faut employer la Rafle, non-seulement comme principe améliorateur & conservateur des Vins, mais encore comme véhicule de la fermentation.

Ainsi laissons-la dans toutes les années de bonne & de pleine maturité, parce que les Vins étant d'ailleurs bien faits & bien fermentés, elle prévient le filage des Vins, ou, autrement dit, les empêche bien certainement de tourner à l'huile ou à la graisse.

Laissons-la dans les années & les vendanges pluvieuses, dans toutes les années où il y a pourriture & moisissure, & toutes les fois qu'il y a surabondance d'eau dans les raisins, soit à raison de la grossiereté de leur espece, soit à raison du peu d'âge du plant. Le Vin des jeunes Vignes, sur-tout de la maniere qu'on les gouverne aujourd'hui, est toujours plus aqueux & plus foible que celui des Vignes faites, &, à plus forte raison, que celui des Vignes qu'on peut regarder comme vieilles.

Laissons-la, & donnons-nous bien de garde de la séparer des raisins dans tous les Cantons & dans toutes les Provinces, où les Vins ont encore plus qu'ailleurs, le défaut de ne pouvoir se garder, ou se transporter; & principalement dans tous les pays où, à raison de l'assiete des lieux, du peu de profondeur des caves, ou pour toute autre cause, les Vins sont habituellement sujets à se corrompre ou à rebouillir. Dans tous ces cas, il est important, il est absolument nécessaire de conserver la Grappe.

Il faut encore la laisser, quelles que soient les années, à tous les Vins destinés à être transportés au loin, & plus particuliérement à ceux que leur réputation ou la faveur de la situation des lieux appellent au-delà des Mers.

Laissons-la dans toutes les années abondantes, afin de pouvoir réserver une partie des récoltes pour les années suivantes : c'est l'intérêt des grands Propriétaires, de tous les Propriétaires aisés & de tous ceux qui ne le sont pas ; c'est l'intérêt de tous les Consommateurs, du Commerce & de la Nation ; c'est, avec l'économie des frais de culture de la Vigne, le seul moyen de prévenir la vileté du prix des Vins & leur trop grande cherté.

Laissons-la encore toutes les fois que, par un motif ou par un autre, nous décuvons avant que la fermentation ait achevé son dernier période, & que le Vin soit parfaitement Vin. A propos de quoi, en ce cas, ôteroit-on la Grappe ?

Laissons-la, en un mot, parce qu'indépendamment de ce que son extraction est une opération de plus, il est prouvé qu'en bien des cas, elle contribue à l'amélioration des Vins, & qu'elle les rend beaucoup plus propres à se conserver.

Quant aux défauts qu'on lui reproche, ces défauts proviennent uniquement de la mal façon des Vins, & de ce qu'on les laisse cuver trop long-temps : c'est donc à tort qu'on l'en charge. La preuve que ces défauts n'en proviennent point, du moins essentiellement & nécessairement, c'est que, si on en excepte quelques curieux & peut-être quelques cantons, tous les Vins en général ne sont point égrapés, & que cependant il y en a assurément un très-grand nombre qui ne sont, ni durs, ni grossiers, ni âpres, ni tardifs, & qui, au contraire, sont très-délicats, très-fins & très-agréables. La Grappe rend les Vins plus fermes, & souvent, comme je l'ai dit plus haut, elle leur donne plus de qualité; mais elle ne les rend pas durs, quand d'ailleurs ils sont bien faits.

Il y a plus; c'est que, quand il seroit vrai qu'elle leur donneroit de la dureté, il ne faudroit pas moins l'employer, si cette dureté étoit une condition inséparable de la conservation. Qu'est-ce que cette dureté passagere, en comparaison de la durée, au moins à l'égard des Vins qu'on veut conserver, ou pouvoir conserver?

Ce n'est pas que des Vins égrapés ne puissent se conserver; mais souvent aussi ils ne le peuvent pas, & c'est pourquoi beaucoup de personnes qui, dans des Vignobles de réputation, avoient pris l'usage d'égraper, y ont entiérement renoncé. D'ailleurs les Vins qui peuvent se conserver quoiqu'égrapés, se conserveroient encore davantage, s'ils ne l'étoient pas: ainsi, à l'égard de ces Vins mêmes, on feroit encore mieux de les faire avec la Grappe.

J'en dis autant à l'égard des Vins qui ont un goût de terroir. On impute communément ce goût à la Grappe, qui effectivement peut bien l'augmenter; mais qui ne le donne pas, puiſque les Vins égrapés le prennent de même que ceux qui ne le ſont pas. La cauſe générale du goût qu'on appelle goût de terroir, eſt bien moins dans le terroir même & dans la Grappe que dans la groſſiereté des eſpeces de raiſins, & encore dans la mauvaiſe maniere de les employer. Le moyen le plus ſûr, ſinon pour l'emporter entiérement, du moins pour le diminuer de beaucoup, c'eſt de bien faire les Vins, & non de rejetter la Grappe, qui, de l'aveu de tous les Vignobles, a la propriété d'affermir & de conſerver les Vins.

Elle a encore, comme on l'a vu, beaucoup d'autres propriétés; mais n'eût-elle que celle de prolonger la durée des Vins, j'en conclurrois, & tout le monde doit en conclurre, qu'il ne faut point égraper les raiſins, & qu'au contraire il eſt abſolument néceſſaire de ne pas les égraper, ou, autrement dit, de conſerver la Rafle.

Mais il ne faut pas oublier que, quelque grands que ſoient ſes effets, ils ſeroient inſuffiſans ſans la bonne manipulation : c'eſt elle qui, par la parfaite exécution de toutes ſes parties, fait les bons Vins, & qui, plus encore que tout le reſte, en assure la solidité & la durée ; c'est elle qui, dans mes Procédés, fait, avec des raisins communs, des Vins qui ne le sont pas, qui améliore la plus riche de nos récoltes, quand elle n'a pas été coupée trop mal-à-propos, qui modere la verdeur des Vins, & par la suite de ses effets, l'emporte entiérement pour donner une liqueur douce, agréable, spiritueuse & de durée.

Tous ces effets de la bonne manipulation & de mes Procédés sont prouvés depuis long-temps dans toutes les parties du Royaume, sans exception d'aucune Province de Vignoble. Ils le sont même dans quelques pays étrangers, dans quelques-uns desquels mes premiers Ouvrages ont été traduits & répandus dans les campagnes.

Ce n'est point ici le lieu de rapporter toutes ces preuves, & il ne me seroit pas même possible de le faire ailleurs ; c'est pourquoi je vais me borner, comme je l'ai déja fait, à exposer celles qui suivent : elles sont si précises, si authentiques & si positives, qu'apparemment elles peuvent tenir lieu de toutes les autres.

DÉCRET de la Faculté de Médecine de Paris.

LE Lundi 3 Février 1772, la Faculté de Médecine a entendu le rapport de MM. Macquer, Roux & d'Arcet, qu'elle avoit chargés de lui rendre compte des Mémoires qui lui avoient été présentés par M. Maupin, sur les Moyens de perfectionner le Vin & de remédier particuliérement à sa verdeur dans les années où les raisins n'ont pu acquérir une maturité suffisante. Le détail fait par MM. les Commissaires, *prouve incontestablement* l'efficacité de la méthode proposée pour corriger en partie, & souvent même entiérement, la verdeur des Vins, & pour les rendre moins mordans & plus parfaits à tous égards. Une boisson aussi générale, privée de son défaut le plus commun, & augmentée de qualité, devient un objet également précieux pour la santé & pour le commerce. Les Vins bien préparés & de bonne espece seront toujours conseillés de préférence à tous autres, par les Médecins, qui ne s'occupent pas moins à prévenir les maladies qu'à les combattre; & le commerce, tant intérieur qu'extérieur des Vins de France, sera d'autant plus en faveur, qu'ils deviendront supérieurs en qualité.

Il n'est pas douteux que les Vignobles doivent se porter à jouir de ces avantages, & à les répandre dans la société, puisqu'il ne tient absolument qu'à eux, &c,

Ces motifs ont engagé la Faculté à approuver unanimement les découvertes de M. Maupin, comme capables de prévenir les maux réels & fréquens occasionnés par les Vins d'une mauvaise qualité, & de procurer un bien continuel à l'Etat & au Public. Elle a donc cru devoir donner le témoignage le plus avantageux des lumieres & des travaux de l'Auteur, au Ministre, que son zele & sa sagesse ont engagé à demander sur cet objet important, le sentiment de la Faculté de Médecine.

Signé, L. P. F. R. LE THIEULLIER, *Doyen*.

LETTRE DE *M.* DE LA GALAISIERE, *ci-devant Intendant de Lorraine, & actuellement d'Alsace.*

A Nancy, le 25 Novembre 1775.

DEPUIS le moment, Monsieur, où je vous ai appellé dans mon Département, pour faire l'essai de vos Procédés relatifs à la façon des Vins, j'ai différé de m'expliquer sur leurs effets, parce que je voulois en être assuré bien précisément ; ce qui exigeoit au moins une année d'expériences Je me crois aujourd'hui assez instruit pour vous annoncer que les Vins de la récolte de 1774, faits dans cette Province, d'après votre méthode & sous votre direction, sont *infiniment supérieurs à tous ceux des mêmes cantons, fabriqués suivant la maniere usitée. Ils ont plus de feu, plus de corps, & paroissent destinés à se conserver beaucoup plus longtemps.* J'ai fait suivre encore vos Procédés cette année, & je crois, autant qu'il est possible de juger d'un Vin fait aussi récemment, qu'il aura la même supériorité que celui de la récolte derniere. Je vous rends avec grand plaisir ce témoignage, qui remplit d'autant vos vues, *qu'il est donné en plus grande connoissance de cause.* Je suis, &c. DE LA GALAISIERE.

Autre Lettre du même Magistrat.

A Chaumont sur Mozelle, le 14 Juillet 1777.

MON premier soin, en arrivant ici, Monsieur, a été de m'assurer de l'état des Vins que vous avez faits sous mes yeux en 1774, d'après les Procédés que vous avez publiés. Je dois vous rendre ce témoignage, que ces Vins sont encore très-bons, quoique dans la maniere ordinaire de les faire, ils n'eussent pas pu se conserver plus d'un an. A la vérité, ils commencent à exiger d'être bientôt vendus; mais je regarde comme *un très-grand avantage, de pouvoir, par l'effet de vos Procédés, conserver plus de trois ans, des Vins qui auparavant ne pouvoient passer l'année.*

Je vous dois encore ce témoignage, que tous mes voisins, frappés de cet avantage & de la supériorité de qualité de vos Vins, s'empressent de suivre votre méthode; de façon, Monsieur, qu'il est très-constant que vous avez rendu un très-grand service à cette branche d'agriculture dans ce Pays-ci. Je m'empresse de vous rendre cette justice, & je serai fort aise que ce témoignage, *fondé sur la plus exacte vérité*, puisse vous procurer tous les avantages que vous pouvez en attendre.

Vous observez avec raison.....

Je suis, &c. DE LA GALAISIERE *.

* Antérieurement à cette Lettre, au mois de Novembre 1778, le Régisseur de la Terre de M. l'Intendant de Strasbourg m'avoit écrit. » En 1773, les Vins de M. de la Galaisiere ne se sont pas » vendus plus de cinq à huit livres la mesure: en bonne année » le Vin fait du fruit des mêmes Vignes, conditionné selon vos » principes, se vend à présent de dix à quinze livres dix sols la » mesure, en bonne année, &c.

Lettre de M. Bertin.

A Verſailles, le 8 Août 1777.

J'étois bien perſuadé, Monſieur, que toutes les perſonnes qui ſe ſerviroient de votre méthode pour faire les Vins, ne pourroient que s'en louer. Si vous étiez dans le cas d'en prouver la ſolidité & les avantages par les principes que vous avez établis, l'expérience eſt encore venue à l'appui, & a bien confirmé les ſuccès qu'on avoit lieu d'eſpérer de vos Procédés : j'en ai vu les effets par moi-même, & je ſuis inſtruit d'ailleurs de l'utilité dont ils ont été dans nombre d'endroits : c'eſt un témoignage que je vous ai déja rendu dans pluſieurs de mes Lettres, & que je vous renouvelle avec plaiſir. Vous êtes bien le maître de me citer en vous ſervant de mes Lettres & de celles de M. de la Galaiſiere, qui juſtifient toujours mieux *l'excellence de votre méthode, & tout le bien qu'on peut s'en promettre. En vous rendant la juſtice qui vous eſt due*....., Je ſuis, &c. Bertin.

Lettre de M. Maret, Secrétaire perpétuel de l'Académie de Dijon, adressée à l'Auteur des Affiches de Bourgogne, & insérée dans la Feuille du 30 Septembre 1777.

Je suis, Monsieur, depuis *six à sept ans* la méthode de M. Maupin dans la maniere de faire le Vin, & j'ai lieu de m'en applaudir : mes Vins, depuis que j'ai adopté cette méthode, se sont toujours trouvés d'une qualité supérieure à ceux du même climat. *Ceux de 1775, recueillis dans le même Vignoble, se sont tous gâtés dans le cours de 1776, & les miens se sont soutenus & se soutiennent encore.* Cet événement a ouvert les yeux de mes voisins ; & le Fermier de la dîme du Village où est situé mon domaine, & qui y a lui-même beaucoup de Vignes, a pris le parti de suivre mon exemple, & s'en félicite. Quelques Propriétaires du même Pays ont fait de même, & je vois par les nouvelles publiques, que la même méthode a été suivie avec un égal succès dans plusieurs Provinces, notamment dans la Lorraine, sous les yeux de M. de la Galaisiere. . . . .

Je suis, &c. Maret.

PROBLÊME

Sur le temps juste du Décuvage des Vins ; avec l'indication la plus générale pour ce Décuvage.

ON se persuade assez généralement par-tout, & principalement dans les Vignobles dont les Vins ont le plus de réputation, qu'on sait faire ses Vins, & qu'on les fait au mieux possible pour son canton ; mais il n'en est pas de même *du temps où il faut les tirer de la cuve pour les avoir aussi généreux, aussi bien constitués, & d'autant de garde qu'ils pourroient l'être.* Alors ce n'est par-tout qu'incertitude & qu'embarras.

Ce Problême en effet est, de tous ceux que peut présenter l'Art des Vins, le plus difficile & le plus obscur. Il est aussi un des plus importans, soit pour la qualité des Vins, soit sur-tout pour leur durée. Combien de Vins se perdent toutes les années, uniquement ou du moins principalement parce qu'ils on été décuvés à contre temps ? Mon dessein est de donner ici, en peu de mots, la solution de ce Problême, ou au moins d'établir les premiers principes d'après lesquels je me propose de donner cette solution, lorſque je développerai & que je pourrai expliquer le Problême avec plus d'étendue.

Il y a ſur cette matiere, au moins à en juger par l'uſage, deux opinions également deſtituées de principes : l'une, qu'il faut tirer les Vins auſſi-tôt que le marc eſt parvenu à ſon plus haut degré d'élévation ; l'autre, qu'il ne faut décuver les Vins que lorſqu'ils ſont froids, & par conſéquent long-temps après qu'ils ſont faits ; & il y a des pays où on ne les décuve qu'au bout de quinze jours, de trois ſemaines, & quelquefois d'un mois & plus.

La derniere de ces opinions eſt inſoutenable ; la ſeconde eſt plus ſpécieuſe ; mais au fond elle n'eſt pas plus ſolide, au moins à la juger par les principes généraux ſur cette matiere.

Il faut pourtant avouer qu'il y a des cas où elle peut paroître recevable, ſoit pour que le Vin ait plus de délicateſſe, ſoit pour qu'il ait moins de couleur ; mais outre qu'il faudroit alors des précautions qu'on ne prend pas, & qu'on eſt bien éloigné de ſoupçonner, c'eſt que les Vins, tirés à cette indication, ne ſont jamais auſſi ſolides, & ſont plus verds dans les années de non-maturité, qui ne ſont pas rares, que s'ils avoient été tirés plus tard & plus à propos.

J'aurois beaucoup d'autres obſervations à faire ſur cette opinion & ſur toutes les variétés en usage dans le décuvage des Vins ; mais ce n'est pas ici le lieu où j'ai dessein d'approfondir cette matiere si épineuse, je ne veux que donner une indication générale, après avoir exposé les principes sur lesquels elle est principalement fondée.

PRINCIPES.

Le vœu & le but de la nature dans la fermentation du moût, c'est de faire du Vin. Les moyens qu'elle emploie, peuvent se réduire à cinq principaux : la dissolution, l'ébullition produite par le mouvement & la dilatation de l'air interne non combiné, l'atténuation produite par l'ébullition, la décomposition du moût & non de ses principes, & enfin la recomposition, ou plutôt la parfaite composition du nouveau mixte, ou, autrement dit, du Vin.

Si l'on décuve le Vin dans l'un des quatre premiers degrés ou périodes, le Vin pourra être commencé, mais il ne sera pas fait. La nature n'aura encore que préparé ou ébauché son ouvrage ; elle aura peut-être fait quelques parties ainsolées ; mais tout le reste sera à faire.

Il ne faut donc tirer le Vin qu'après le cinquieme degré, qu'après que la recomposition sera, non pas avancée, mais parfaite : autrement on troubleroit l'œuvre de la nature, & le Vin ne seroit pas de garde, ou le seroit beaucoup moins

Ainſi on ne tirera pas le Vin lorſque la vapeur méphytique de la fermentation, connue ſous différens noms, & entr'autres ſous celui de *gas*, ſera encore ſenſible. La nature, en ce moment, doit être cenſée n'en être encore qu'à la décompoſition plus ou moins avancée; & ce ſeroit bien ſûrement troubler ſon opération, & ſouvent l'arrêter entiérement, que de décuver le Vin avant qu'elle l'eût achevée.

Je n'ignore pas les raiſons qu'en donnent les perſonnes qui ſont dans cet uſage; mais leurs raiſons, que je diſcuterai ailleurs, ſont oppoſées aux vrais principes, & prouvent, à l'égard de quelques-uns, qu'ils n'ont abſolument aucune connoiſſance en cette matiere, & qu'ils ſe conduiſent, & quelquefois les autres, au hazard.

Ce n'eſt pas qu'il n'y ait des cas où, par la nature particuliere des circonſtances, on ne puiſſe être forcé de tirer les Vins de la cuve avant qu'ils ſoient parfaitement faits. Je connois des hommes très-habiles qui ſont dans cet uſage, & je les honore trop pour les en blâmer; mais ceux qui en font un principe, & prétendent le généraliſer, n'en ont pas moins tort, & leur tort eſt d'autant plus grand, que j'ai lieu de croire qu'ils connoiſſent ma Manipulation, & que s'ils la connoiſſent, ils doivent ſavoir que les raiſons qu'ils donnent, outre qu'elles ſont mauvaises, portent absolument à faux, par rapport à ma Manipulation, qui pourvoit à tout.

J'éclaircirai toutes ces difficultés quand je publierai le Problême dont celui-ci n'est qu'un extrait. J'y donnerai aussi plusieurs indications. Aujourd'hui je me borne à la plus simple & à celle qui me semble la plus facile à saisir : c'est une de celles que j'ai données dans mes précédens Ouvrages, & en même-temps celle qui me paroît la plus généralement suivie parmi les quatre ou cinq mille personnes qui façonnent leurs Vins d'après mes principes.

Indication générale pour le Décuvage des Vins.

Conformément aux principes que je viens d'établir, on décuvera le Vin lorsqu'il sera fait, quand le moût ne sera plus du moût, quand il aura perdu entiérement sa douceur, sa saveur sucrée ou de moût, & qu'il sera Vin bien caractérisé & parfaitement Vin.

Dans les années de maturité & qui auront été molles ou pluvieuses, il vaudroit mieux, quand on le peut, tirer le Vin quelques heures plutôt que quelques heures plus tard.

Dans les années seches & de pleine maturité, on fera mieux de le tirer quelques heures plus tard que quelques heures plutôt.

Dans les années où les raisins ont de la verdeur, & ſur-tout beaucoup de verdeur, on ne riſque rien de tirer le Vin douze heures plus tard que l'indication, quoiqu'on puiſſe le tirer au moment même qu'il paroît fait.

Dans les pays chauds & dans les vendanges chaudes, il vaut toujours mieux tirer le Vin un peu plutôt qu'un peu plus tard. En général, il ne faut le tirer de la cuve que quand il eſt fait : il ne faut pas non plus l'y laiſſer refroidir entiérement, principalement dans les pays & les vendanges dont je viens de parler. Les vins délicats ſont ceux qui exigent le moins de cuvage.

On arroſera le marc, pour la premiere fois, douze heures avant de décuver le Vin, & pour la ſeconde fois, deux heures ou une heure avant le décuvage.

J'eſtime que, dans l'une & l'autre de ces opérations, on doit arroſer à raiſon d'un douzieme ou quatorzieme de la cuvée, c'eſt-à-dire, à raiſon d'un ſceau ſur douze ou quatorze.

FIN.

LU & approuvé ce 22 Décembre 1780.

DE SAUVIGNY.

Vu l'Approbation. Permis d'imprimer le vingt-trois Décembre 1780.

LENOIR.

PROCÉDÉ

POUR *la Manipulation & la Fermentation des Vins.*

C'EST l'utilité & le degré d'utilité, dit un Ancien, qui fait les Dieux & les Grands-Hommes.

Cette maxime est fondée sur la droite raison. La droite raison veut, en dépit des siecles gothiques & des temps féodeaux, dont l'esprit subsiste encore, avec plus ou moins de force, dans les mœurs & les préjugés des Modernes, que le degré & la proportion de l'utilité soient la mesure des titres comme de la reconnoissance; elle ne veut plus, comme dans l'antiquité, que Cérès & Bacchus soient des Dieux, mais elle veut au moins qu'ils soient des hommes: elle veut, si leurs inventions peuvent être utiles à tous les pays, à toutes les nations, à tous les siecles, *à tous & chacun des individus & tous les jours*, elle veut que tous les pays & tous les siecles

A

les écoutent, & qu'ils en soient regardés comme les bienfaiteurs.

D'après ces réflexions, que vingt années de traverses & de dégoûts ne justifient que trop, voyons maintenant quelles sont mes découvertes.

J'ai découvert un nouvel art de cultiver la Vigne, un art qui diminue considérablement les avances de la culture, & qui augmente la production.

J'ai découvert un nouvel art de faire les Vins, une nouvelle espece de Vin pour les conserver, & beaucoup d'autres grandes parties dans le même genre.

J'ai découvert & exposé dans la seule Richesse du Peuple, dont j'ai éclairci, assuré & perfectionné la partie rurale dans les points les plus importans & les moins bien connus de la culture des grains par différentes lettres ou réponses publiées peu de temps après mon systeme; j'ai découvert, dis-je, l'art nouveau & très-nouveau de bien employer la terre & de la cultiver, & toutes ses productions à beaucoup moins de frais qu'aujourd'hui.

J'en ai découvert, depuis, un autre, plus excellent encore, au moins pour la culture des grains, & j'ai offert de le démontrer sous les yeux de tout Paris.

En d'autres termes, j'ai découvert la partie la plus belle & la plus intéressante de la Chymie Françoise : la manipulation, la fermentation & la conservation des Vins.

J'ai découvert, & toujours seul & heureusement sans guide, la plus solide, la plus belle, la plus difficile & bien sûrement la plus utile partie de la Physique, en France, dans l'Europe & dans le Monde entier; l'art très-inconnu de faire croître & de multiplier, dans toutes les terres, & sur-tout dans les plus mauvaises terres, toutes les recoltes & toutes les productions végétales de la Nature.

En un mot, j'ai découvert, par une infinité de moyens & de combinaisons, le moyen le plus naturel, le plus simple, le plus facile & le plus sûr pour rendre les hommes, tous les hommes, les hommes de tous les pays, plus riches, plus aisés, plus heureux, & d'assurer à jamais, par l'abondance des productions & une prodigieuse économie dans les avances de toutes les cultures, le pain & la subsistance du pauvre.

Mes découvertes sont d'un usage universel, on peut les pratiquer, avec le même succès & la même économie, dans toutes les parties de l'Europe, & à mille lieues de Paris, comme aux portes de Paris.

Elles sont démontrées autant par le bons sens & les principes que par les faits, elles sont prouvées & avouées, & la critique que j'ai bravée tant de fois, n'a jamais osé les attaquer sous mes yeux, & en face du public. Il n'y a pas un seul homme grand ou non grand, riche ou pauvre, à qui elles ne pussent être utiles & à qui elles ne dussent déja l'être.

Envain l'ignorance, toujours armée contre le savoir, de vaines subtilités & de fausses destinations, essayeroit-elle de combattre l'universalité de mes découvertes, en lui opposant la différence des lieux, des terres, des températures & des climats; ces vieilles & puériles objections sont démenties par des faits positifs; & quand elles ne le seroient pas, comme elles le sont, quels égards peuvent mériter des objections toujours vagues, toujours indéterminées & jamais appuyées sur aucun fait clair, précis & pris dans le genre. Je défie, & ceci mérite la plus sérieuse attention, je défie qu'on m'en oppose publiquement un seul dans l'espece, & les circonstances propres & particulieres d'aucune de mes découvertes.

Qu'on tourne & retourne tant qu'on voudra ma manipulation des Vins, les moyens que j'ai inventés pour en prolonger la durée, ma nouvelle méthode de cultiver la Vigne, la nouvelle combinaiſon & le plan que j'ai donnés dans la ſeule Richeſſe du peuple pour le meilleur emploi & la meilleure culture des terres, on ne pourra jamais dire pourquoi (& c'eſt pourtant ce qu'il faudroit dire pour pouvoir ou du moins pour devoir être écouté) on ne pourra jamais dire & encore moins *démontrer* pourquoi, ni par quelles raiſons, ces différentes découvertes ne peuvent être d'un uſage univerſel : & moi, j'ai prouvé par le bon ſens, par les principes, par l'ordre conſtant de la nature dans tous les pays, par l'expérience générale & les faits les plus poſitifs & les plus multipliés, que cet uſage univerſel eſt inconteſtable, & qu'on ne peut l'attaquer ſans choquer l'évidence & toutes les autorités.

Ma manipulation des Vins, & la nouvelle eſpece de Vin que j'ai imaginée pour les conſerver, &c. ſont d'un uſage univerſel & abſolu.

Ma culture de la Vigne eſt d'un uſage univerſel & même abſolu dans le ſens qu'elle peut ſe pratiquer avec ſuccès dans tous les pays de l'Europe, où la Vigne ſe cultive quoique par des circonſtances, dont quelques-unes lui ſont étrangeres, il puiſſe y avoir une forme de culture plus avantageuſe pour certains cantons, particuliérement dans les pays très-chauds. Mais ceci ne regarde que la culture & encore quelques points de culture, mais non les principes dont la plupart ſont appliquables à tous les pays & à tous les cantons.

A l'égard de la ſeule Richeſſe du peuple, la réduction & le plan de culture que j'y ai propoſés, ſont d'un uſage univerſel & abſolu partout & dans tous les pays où les terres ſont mal cultivées, & où il y en a de mauvaiſes & de médiocres.

D'après cette explication, je me flatte que ce ſeroit envain qu'on voudroit élever des doutes ſur l'univerſalité de mes découvertes.

Auſſi inutilement m'oppoſeroit-on que mes découvertes ne ſont point établies, & que celle qui l'eſt le plus, l'eſt encore très-peu : mes découvertes ſont certaines, elles ſont prouvées, j'ai fait tout ce que j'ai pu & ſacrifié plus de quinze cents louis pour les établir ; les moyens que j'ai propoſés, ſont ſimples, économiques, tout le monde peut les exécuter, il ſuffit. Si après cela, mes découvertes ne ſont point établies, ſi elles ſont encore trop peu connues, ſi, ſans jamais leur oppoſer de raiſons priſes dans la choſe même, tous mes efforts ont toujours été repouſſés par l'indifférence des uns, & la froideur ou les fauſſes vues des autres, ſi la frivolité & la tournure de nos mœurs ſont telles qu'à l'exception d'un petit nombre qui, à la vérité, s'accroît chaque jour, le plus grand intérêt, l'intérêt le plus prochain n'ayent pu encore émouvoir, dans les villes & dans les campagnes, tous les Propriétaires & tous les Cultivateurs, & les porter à faire au moins des essais & de petits essais, qui ne leur auroient rien coûté; puisque mes moyens sont économiques, s'ils aiment mieux douter, raisonner ou ne pas raisonner, que de s'instruire, que de voir ou d'agir; enfin si, faute de m'écouter, nous avons perdu depuis un certain nombre d'années, plusieurs milliards en productions de toute espece, & que, depuis deux ans, entr'autres, la plus riche de nos récoltes ait été avilie & en grande partie gâtée & perdue; tout cela est étranger à mes découvertes, elles n'en sont pas moins ce qu'elles sont, & les réflexions par lesquelles j'ai commencé cet écrit, n'en sont ni moins justes, ni moins bien fondées.

Je laisse à tous les hommes vraiment judicieux & équitables à en tirer les conséquences que je pourrois en tirer ici pour moi; mais je ne les ignore pas, & j'avouerai même que j'y tiens, & c'est pour cela, comme pour rendre mes recherches utiles à toute la Société, que j'ai déclaré que je ne donnerois le reste de mes découvertes que sur le suffrage, ou le vœu du grand nombre. Je n'aurois pas fait apparemment les grands ſacrifices que j'ai faits, ſi je n'en avoit eſpéré un grand retour. Il y a près de 20 ans que je l'attends inutilement du public. Après un ſi long terme, & les dégoûts de tous les genres que j'ai reçus de toutes parts, j'ai cru qu'il étoit temps enfin, ou de le réclamer, ou de renoncer entiérement à l'inſtruction publique, que moi ſeul peut donner, & je réclame.

PROCÉDÉ.

Ce Procédé eſt le même que j'ai publié au mois de Juillet dernier, il eſt encore plus parfait que aucun de ceux que j'avois donnés avant ce temps, quoique pourtant ils ayent amélioré & conſervé les Vins à un degré qu'on étoit bien éloigné de croire poſſible : il convient à tous les pays, & on aura occaſion d'y remarquer, ainſi que dans la Leçon ſur la grappe & le problême ſur le décuvage, qui en font partie, que quand il le faut, je ſuis auſſi fort qu'un autre, ſur les variétés que peut exiger, dans l'application des principes généraux, la différence des lieux, des années & même des circonſtances.

Les grands effets de ma manipulation ſont avoués; mais je ſuis informé que beaucoup de personnes n'en prennent qu'une partie, & négligent l'autre. Il résulte, delà, deux grands inconvéniens : le premier, que ces personnes n'ont que des demi-succès, ou même n'en ont point du tout : le second, qui est de la plus grande conséquence pour le public, est que beaucoup de personnes qui voyent aussi mal que les autres exécutent, ou qui ne sont pas instruites que ma manipulation n'a été suivie qu'en partie, & souvent dans la moindre partie, la jugent sur les petits effets qu'ils en ont vus, & en concluent très-faussement, ou que son utilité est très-médiocre, ou, comme quelques-uns ne l'ont écrit à moi-même, qu'elle n'est d'une grande utilité que dans certaines années, ou dans certains pays, tandis qu'il est démontré par des expériences multipliées, depuis plus de dix ans, en France, en Allemagne & en Italie, que ses effets sont toujours supérieurs dans tous les pays & dans toutes les années, *pourvu toutefois qu'elle soit bien exécutée, & qu'elle le soit dans toutes ses parties.*

C'est l'avis que je donne à toutes les personnes qui l'ont déja adoptée, & à celles qui sont disposées à l'adopter. Leur intérêt est de profiter de cet avis. Leurs Vins seront beaucoup meilleurs, se vendront bien plus facilement & auront même, suivant le degré de perfection de leur manipulation, une plus grande valeur vénale. Combien de Vins qui, par le bénéfice de mes procédés, ont été vendus, suivant les circonstances, dix, vingt & quelques-uns plus de trente livres par piece au-delà de ce qu'ils auroient été vendus! C'est aussi l'intérêt du public, auquel on ne peut donner, d'une maniere ou d'une autre, une fausse idée de ma manipulation sans le priver des grands avantages qu'il devroit en retirer. Je vais en décrire toutes les opérations, ensuite de quoi j'indiquerai les différentes parties qui doivent composer l'Ouvrage entier que j'ai promis, & que je donnerai, sur les Vins, si les conditions sous lesquelles je l'ai annoncé sont exactement remplies, & si je n'en suis empêché par la suite des accidens dont j'ai fait mention dans le moyen de conserver les Vins.

1°. On se conformera en ce qui concerne la Grappe ou Rafle, à ce que j'en ai dit dans la Leçon qui précede.

2°. Si, ce qui est toujours le mieux & infiniment mieux quand on le peut, on foule la vendange avant de la jetter dans la cuve, on la foulera parfaitement & de maniere à ouvrir tous les grains, & à en détacher & faire sortir, non-seulement la partie la plus fluide & la partie glutineuse ou muqueuse qui enveloppe les pepins ; mais encore la partie de la pulpe ou chair adhérente à la bourse, ou écorce du grain : c'est la partie la plus précieuse, la plus élaborée, la plus sucrée, & celle qui donne le meilleur Vin. Sans elle point de Vin, ou de bon Vin, du moins comparativement.

On foulera toute la vendange en un jour, ou un jour & demi au plus tard, sans quoi le moût s'éventera en partie, l'ébullition sera moins forte, la dissolution moins complette, l'atténuation moins grande, la composition du mixte plus difficile & moins parfaite, & le Vin moins vigoureux & d'une moindre durée.

Si on foule en un jour & demi, ou si même on étoit forcé de fouler en deux jours, on couvrira la cuve pendant les nuits, avec le fond ou dessus de bois dont je donnerai ci-après la description. On feroit bien même, si on ne foule pas au-dessus de la cuve, de la couvrir dans le jour pendant l'opération.

Dès qu'elle sera achevée, on posera les planches sur le marc, s'il est monté au-dessus de la liqueur, & s'il a assez de force pour les porter.

Pendant l'opération du foulage, on égalisera le marc, au moins quatre fois par jour, avec une pelle de bois ou autre instrument à long manche, afin que le liquide & le marc soient également distribués dans toutes les parties de la cuve, dans laquelle, dans ce temps, ni après, on ne mettra point les pieds & on ne fera descendre aucun homme; ce feroit affoiblir le Vin.

Si la vendange est froide, & que le marc ait peine à couvrir la liqueur, on fera bien d'échauffer la cuve avec quelques chaudieres de raisins bouillans, entonnés dans la proportion d'un quarantieme, ou à peu près, de la totalité de la cuvée, sauf à en mettre autant après, & aussi-tôt que le marc sera monté, si la premiere quantité ne paroissoit pas suffisante, comme en général elle ne le sera pas dans les vendanges froides, ou lorsque les raisins auront une très-grande verdeur; dans ces cas, on mettra, ou en une fois, ou en deux, si on en a mis une premiere fois pour faire monter le marc, ou mettra, dis-je, un seau de raisins bouillans sur vingt; & quand on en met, il faut toujours les mettre aussi-tôt que le marc est monté, & sans interruption. Si on les mettoit plus tard, le Vin ne seroit pas gâté, mais il seroit plus foible & moins bon. Voyez pour le surplus, ce qui sera dit à l'article 9 & aux suivans.

3°. A l'égard des personnes qui, comme c'est malheureusement de beaucoup le plus grand nombre, font fouler leur vendange dans sa cuve, je leur conseille de faire ensorte que leur vendange ne soit pas écrasée plus qu'au quart, c'est-à-dire, qu'il n'y en ait pas plus du quart en Vin. La fermentation du tout, après le foulage, en sera plus simultanée, plus parfaite, & le Vin en sera plus propre à se conserver.

Elles mettront aussi le moins de temps qu'il leur sera possible à rassembler la vendange d'une cuvée : c'est le mieux; mais les personnes qui, comme les Vignerons, ne le peuvent pas, ou ne le peuvent pas toujours, sont nécessairement dispensées de ce mieux. Le point important est, autant que cela se peut, qu'il n'y ait pas plus du quart de la vendange qui soit écrasé : il vaudroit mieux qu'il y en eût un peu moins que plus, la vendange durât-elle quatre jours & au-delà, pourvu toutefois que tout se fasse exactement comme je l'enseigne.

On égalisera la vendange, en général, quatre fois par jour, comme je l'ai dit, & par les raisons que j'ai dites.

4°. On ne fera, ni levain, ni fond de cuve. Si la vendange est écrasée au quart, ou à bien peu de chose près, les raisins tremperont ou seront humectés suffisamment. Les Vignerons auront bien de la peine à goûter cet avis; mais s'ils ne le ſuivent pas, leur Vin en aura moins de qualité.

Un avis qu'ils auront encore bien de la peine à ſuivre, c'eſt celui de n'entrer aucunement dans leur cuve, & de n'y tremper les pieds que pour le foulage complet de la totalité de la vendange.

Je m'attends bien qu'ils croiront leur cuve, ou leur Vin perdu; & moi, au contraire, je ſuis certain qu'en faiſant autrement que je ne le dis, & comme ils ont l'imbécile coutume de faire, ils éventent & énervent leur Vin, & que quand, par hazard, il eſt bon, c'eſt qu'ils n'ont pu le rendre mauvais.

5°. (Et ceci calmera peut-être un peu les inquiétudes des Vignerons.) Dès le ſoir du premier jour de la vendange, on couvrira la cuve; & quand le marc ou la maſſe des raiſins ſera monté au-deſſus de la liqueur, & aſſez haut pour pouvoir placer le fond, on couvrira, non pas la cuve, mais le marc ou la vendange, en plaçant les planches de ce fond *immédiatement* deſſus. Par-là on coupera, en grande partie, toute communication avec l'air ambiant ou externe qui deſſeche le marc ou la grappe, on préviendra l'évaporation de l'air libre de la liqueur, on retiendra dans le marc toutes les parties volatiles, humides & ſpiritueuſes qui auroient pu s'en échapper, & on conservera au marc, ou à la vendange élevée au-dessus de la liqueur, toute l'humidité nécessaire.

Les Vignerons pourront encore, pour se tranquilliser l'esprit, arroser très-légérement & très-rarement, mais pourtant quand ils le croiront nécessaire, la superficie du marc avec quelques seaux de Vin, qu'ils tireront par la canelle & non autrement; ils couleront ces seaux de Vin sur la vendange, de maniere que toutes les parties de la superficie en soient également humectées.

Avec toutes ces précautions, assurément très-faciles & très-simples, la cuve attendroit, au besoin, le foulage huit jours & quinze jours, sans que la cuve ou le Vin courût le moindre danger, & qu'il y eût à craindre que le marc, chaud ou non, pût aucunement s'échauffer ou, autrement dit, s'aigrir.

Cette derniere observation regarde particuliérement les personnes qui sont asservies à la banalité des pressoirs; mais il n'est pas de leur intérêt d'en abuser.

Si on ne se conforme pas rigoureusement à tous ces premiers documens & à ceux que je donnerai dans la suite, alors ce ne sera plus mon procédé, car les uns & les autres en sont également une partie essentielle & indivisible.

A cette occasion, & pour répondre à quelques lettres que j'ai reçues de quelques-uns de nos plus fameux Vignobles, où des personnes paroissent disposées à allier certaines pratiques de leur pays à plusieurs de celles que j'enseigne, quoique ces pratiques soient formellement opposées à une partie de celles que j'enseigne pareillement, je crois devoir remarquer à ces personnes, que si je ne savois pas mieux & infiniment mieux qu'on ne le fait, les principes & la manipulation suivant lesquels chaque pays & tous les pays doivent fabriquer leurs Vins, je ne me serois sûrement pas ingéré de leur donner des leçons. Si j'en ai données, c'est que j'ai prouvé que j'étois en état d'en donner, & en ce cas, il faut les suivre & non pas les réformer, & encore moins me le dire.

6°. Si, après la vendange achevée, le marc avoit peine à s'élever au-dessus de la liqueur, on pourroit mettre quelques raisins bouillans, comme je l'ai dit à l'article 2.

7°. On foulera la vendange dans la cuve, dès qu'elle ne sera plus trop froide pour pouvoir y descendre, & que le marc sera monté; le plutôt sera toujours le mieux : cependant, si on ne le pouvoit pas, & qu'il fallût de nécessité attendre huit jours ou même davantage, on pourra les attendre; le point le plus important est que le foulage soit bien fait; & pour qu'il soit bien fait,

fait, il faut, autant qu'il est possible, qu'il soit fait promptement & bien : la derniere condition est encore la plus nécessaire.

Pour remplir ces deux conditions, après avoir mouillé & trempé le marc avec une quantité de seaux de Vin nécessaire, si on avoit lieu de craindre, par l'état de la cuve, que la vapeur n'en fût dangereuse, on fera descendre en même-temps dans la cuve deux & même trois hommes, si elle peut les contenir. Si ces deux ou trois hommes, après avoir fait de leur mieux, ne suffisoient pour compléter le foulage, & le compléter autant qu'il peut l'être, bien entendu, en ce cas, on en fera descendre encore autant, pour achever ce que les autres n'auront pu faire. C'est une opération essentielle & pour laquelle il ne faut absolument rien épargner. On peut juger de son importance par l'article 2. Cette opération une fois manquée, tout le reste l'est.

8°. Aussi-tôt que l'opération du foulage sera achevée, on recouvrira la cuve, ou plutôt le marc, s'il est monté, en posant immédiatement dessus, le couvercle ou fond de planches dont je vais donner la description.

Ce fond doit être composé, pour le mieux, de planches de bois de chêne de douze lignes d'épaisseur ; mais j'aimerois mieux qu'elles en eussent quinze : j'en pourrai dire la raison dans un autre temps. Sans cette raiſon ſix ou huit lignes d'épaiſſeur ſuffiroient. Ces planches, qui ne doivent pas tenir enſemble, mais qui, au contraire, doivent être détachées & ſéparées les unes des autres, peuvent, en général, être plus ou moins larges; mais ſi on m'en croit, on les prendra d'un pied ou de ſix pouces de largeur, & plutôt de ſix pouces que d'un pied.

Ce fond, dont je me ſers & ſe ſervent depuis long-temps toutes les perſonnes qui façonnent exactement leurs Vins ſuivant mes principes, eſt très-maniable & nullement embarraſſant; & comme il a beaucoup moins de poids que s'il étoit tout d'une piece, il ſuit facilement le mouvement du marc, ſur lequel il poſe immédiatement, il monte & il baiſſe avec lui ſans le quitter.

Cette maniere de couvrir eſt, ſans contredit, la meilleure, la plus ſûre, & la ſeule pour retenir la chaleur & les eſprits dans le Vin, & pour prévenir tout aigriſſement du marc, qui, à quelque point qu'en ſoit la fermentation, eſt toujours maintenu, à la faveur des planches qui le couvrent immédiatement, au degré d'humidité néceſſaire. Ce fond eſt une piece dont on ne peut ſe paſſer.

Sa largeur ou ſon diametre doit être tel qu'il puiſſe entrer dans la cuve, de toute ſon épaiſseur, c'est-à-dire, de douze ou quinze lignes, au moins.

9°. Si, après l'opération du foulage, ou peu d'heures après cette opération, le marc ne recouvroit pas la liqueur, il faudroit l'aider par les raisins bouillans. Si n'en a pas encore mis, on pourra en mettre un vingtieme ou un vingt-quatrieme, ou, si on en a déja mis, un quarantieme : le tout un peu plus, un peu moins, suivant l'exigence des années & des circonstances.

En général, comme le foulage dans la cuve ne peut jamais qu'être nuisible à la fermentation & à sa vigueur, je conseille, pour suppléer à une & même à plusieurs des parties les plus essentielles dissipées par cette opération, d'entonner dans la cuve quelques raisins bouillans, ne fût-ce qu'une chaudiere de trois seaux : cependant, comme ceci n'est point absolument de rigueur, & que les personnes qui n'auroient foulé que quelques jours après avoir achevé leurs cuvées, ne pourroient, au moins pour le plus grand nombre, conserver des raisins assez frais pour l'opération dont il s'agit, il faudra, de nécessité, qu'elles s'en dispensent, vu que, pour cette opération, il ne faut jamais employer de moût, ni de raisins pris dans la cuve. Le conseil que je viens de donner, ne regarde que les perſonnes qui peuvent le ſuivre.

Les raiſins qu'on deſtinera aux chaudieres, ſeront apportés de la vigne, à grappe ſeche, & ſans être aucunement écraſés, afin qu'ils ne s'échauffent point, à moins que ce ne fût pour les employer auſſi-tôt. On les mettra en réſerve, pour en faire uſage quand il en ſera temps. Alors, à moins qu'on ne veuille faire ſéparément, ce qui eſt toujours le mieux, un Vin de conſervation, ou qu'on n'ait deſſein d'avoir un Vin préſent, plus prompt à boire, ou plus délicat, ce qui, en bien des cas, eſt avantageux, alors, dis-je, on foulera bien les raiſins avec les mains ou autrement, ſans en extraire la grappe; enſuite de quoi on mettra le tout enſemble ſur le feu, & on le fera bouillir.

On emplira, à peu de choſe près, la chaudiere, & on aura l'attention très-facile de remuer le marc & le mout, pour les empêcher de s'attacher au fond du vaiſſeau. Auſſi-tôt qu'ils ſeront bouillans, s'ils ont été égrapés, on les retirera, & on les verſera tout auſſi bouillans qu'il ſera poſſible : plus ils ſeront brûlans, & moins il en faudra. A l'égard des raiſins bouillans non égrapés, on ſe conformera, en tout point, aux documens que j'ai donnés, sur cette partie, dans le Moyen de conserver les Vins.

La meilleure maniere d'employer les raisins bouillans, & la seule qui soit bonne, est celle de les introduire dans le mout, à l'aide de l'entonnoir de fer-blanc que j'ai imaginé.

Cet instrument double au moins l'effet de ces raisins; il les porte au fond de la cuve, d'où, par ce moyen, la chaleur se répand également dans le mout & le marc, & s'y conserve, sans comparaison, bien plus long-temps qu'en les versant, comme il se pratique ordinairement en faisant une large ouverture dans toute l'épaisseur du marc, d'où, dans le moment même, il s'évapore une grande partie du feu qu'on y jette.

L'entonnoir dont je me sers, porte quatre pieds de long, non compris le bassin : il peut revenir actuellement à cinq ou six livres dans les Provinces; à Paris, il en coûte sept. J'en ai déja fait faire plusieurs chez *le sieur Briet, Marchand Ferblantier, cour Saint-Martin-des-Champs, à la Lanterne à réverbere.*

La douille, ou, autrement dit, le tuyau, est large de trois pouces de diametre sur quatre pieds de longueur : il est surmonté d'un bassin de fer-blanc, ouvert de quinze à seize pouces; c'est un entonnoir dans la forme ordinaire, excepté que le tuyau eſt beaucoup plus long, plus large, & que le baſſin eſt plus évaſé.

Il y a vingt ans que je fais uſage des raiſins bouillans : je les ai employés en très-grande quantité dans l'expérience que j'ai faite par ordre du Gouvernement, en 1771 : je les ai employés, en 1772, ſur les Vins de M. Bertin, Miniſtre d'Etat; en 1774, ſur les Vins de M. de la Galaiſiere, alors Intendant de Lorraine, & aujourd'hui d'Alſace. Ils ont été employés ſur les Vins fins de la Bourgogne & de la Champagne; dans le Languedoc, dans le Bordelais & dans toutes les Provinces du Royaume. La bonté & les avantages de ce moyen, *employé de la maniere & dans les temps que j'indique*, ſont prouvés par une multitude d'expériences faites en France & dans les pays étrangers. On ne peut donc mieux faire par-tout que d'employer les raiſins bouillans lorſqu'ils ſont néceſſaires, & ils le ſont toujours dans les vendanges froides & dans les petites fermentations; hors ces cas, on peut, à la rigueur s'en paſſer, quoique par-tout, à l'exception des vendanges très-chaudes, ils ne peuvent jamais qu'être utiles.

J'inſiſte ſur l'innocence & la certitude des bons effets de ce moyen, parce que, d'un côté, je ſuis informé que pluſieurs perſonnes qui ont pratiqué cette année, ou plutôt la derniere, ma manipulation, tant bien que mal, ont négligé & même craint de faire usage de ce moyen; & que, de l'autre, des amateurs de différentes Provinces m'ont témoigné, par écrit, un grand éloignement pour les raisins bouillans; & pour le justifier, quelques-uns m'ont même cité de prétendus exemples, démentis, comme on vient de le voir, par les faits les plus authentiques & les plus multipliés. Je les ai dissuadés de leur fausse prévention, & j'apprends de quelques-uns d'eux, qu'ils se sont servis, avec avantage, à la derniere vendange, des raisins bouillans & de l'entonnoir; mais il n'en est pas moins étrange que, tandis qu'en certaines Provinces on attache le plus grand mérite aux raisins bouillans, & qu'on semble même y réduire, quoique très-mal-à-propos, toute ma manipulation, les mêmes raisins soient regardés dans d'autres Provinces, où l'espece des Vins est pourtant très-commune, comme un moyen douteux & même dangereux. Les uns & les autres donnent également dans l'excès, & y donnent par les mêmes causes, c'est-à-dire, par préjugé & par ignorance.

C'est préjugé & ignorance que d'attribuer tout aux raisins bouillans, comme c'est encore préjugé & ignorance, que de les regarder comme dangereux ; mais les préjugés & l'ignorance ne se bornent pas là, ils étendent encore leur empire sur toutes les parties de l'agriculture. Ce sont eux, & eux seuls qui y donnent la loi ; ce sont eux qui, après en avoir arrêté les progrès pendant tant de siecles, les arrêtent encore aujourd'hui. Les inventions attribuées à Cérès & à Bacchus, sont les plus précieuses, les plus nécessaires & les plus dignes de l'attention du genre humain, & cependant elles sont encore aussi brutes, aussi grossieres & aussi informes qu'elles pouvoient l'être au moment qu'elles sont sorties des mains de ces deux grandes Divinités des Anciens. Notre siecle a cet égard, n'a pas fait un seul pas de plus, & notre Agriculture n'est pas plus avancée que dans les temps qui ont précédé le nôtre.

Ce n'est pas qu'on ne sache beaucoup, mais on sait beaucoup de chose dont le plus souvent on pourroit se passer, & on ne sait rien de celle qu'il seroit le plus nécessaire de savoir. On saura, par exemple, tous les phénomenes connus de l'électricité & mille autres choses semblables, & quoiqu'on ait des terres & quelquefois de grandes terres, on ne sait pas le premier mot de la science qui seroit nécessaire pour employer utilement ces terres, pour les cultiver, les féconder & leur donner ou en augmenter la valeur. Cette ignorance a deux causes principales : l'une est le défaut de circulation de l'instruction, & l'autre le vice de l'éducation nationale qui met devant ce qui devroit être derriere.

10°. Le foulage, les raisins bouillans, le fond placé, en un mot, toutes les opérations préparatoires une fois consommées, on ne touchera plus à la cuve en aucune maniere. Il faut laisser agir la nature sans la troubler, comme on est dans l'usage ridicule de le faire par-tout, ou presque par-tout, en rabattant la cuve, ou autrement dit, en enfonçant & plongeant, avec les pieds ou d'une autre maniere, le marc dans la liqueur, soit pour animer la fermentation, ce qui est fou, soit pour donner plus de couleur au Vin, ce qui est un contre-sens, puisqu'il est de fait que le Vin prend d'autant moins de couleur que le marc est plus humide, & qu'il est plus dépouillé des parties spiritueuses, qui peuvent seules dissoudre la partie colorante du grain.

Les Vignerons, en rabattant leurs cuves ou leur vendange, comme ils font & ne cessent de faire, soit avant, soit après le foulage, vont en tout point contre les vues qu'ils se proposent. Il semble que par-tout, on se soit étudié à contrarier la nature. Il n'y a pas dans la manipulation ordinaire des Vins, une seule opération, pour qui on connoît l'effet, qui ne paroiſſe avoir été imaginée tout exprès pour cela, ou du moins qui ne tende à ce but.

11°. On arroſera le marc, dans le temps & de la maniere que je l'ai marqué dans le problême, *ſans s'attacher pourtant à une préciſion minutieuſe.* Ceci ſoit dit, non-ſeulement pour cette opération, mais pour toutes les autres. Dans les opérations en grand il faut être exact, mais il faut bien ſe donner de garde de pouſſer, comme quelques-uns, l'exactitude juſqu'au ſcrupule.

On tirera le Vin par la canelle, car il en faut mettre aux cuves qui n'en ont pas : on le jettera de bas & non de haut ſur le marc, afin de ne pas éventer le Vin, & cela fait, on aura ſoin de bien couvrir la cuve après chaque opération.

12°. On décuvera le Vin d'après les principes, l'indication & les obſervations que j'ai donnés dans le problême, ni plutôt, ni plus tard.

On doit éviter également les deux excès, mais ſur-tout on doit bien ſe donner de garde de tirer le Vin beaucoup plus tard & comme il ſe pratique dans un grand nombre de Vignobles, ou, après que les Vins ſont faits, on les laiſſe s'éventer & ſe défaire dans la chaleur de la cuve, les uns pendant quatre jours & plus, les autres pendant huit & quinze jours, & quelquefois plus de trois semaines. Quelle folie, ou plutôt quelle ignorance? & c'est en France, c'est dans un Royaume où, par rapport au Commerce extérieur, les Vins sont la plus grande richesse nationale, que personne ne sait les faire, & que tout le monde les fait mal dans tous les points.

Encore si les fautes & les pertes qui en sont la suite, se bornoient aux Vins; mais la vigne, mais les bleds, mais les terres, mais les champs, mais les moissons, mais la vendange, mais les bois, les prés & toutes les productions qui servent à l'usage de l'homme & des animaux, tout cela est aussi mal traité que les Vins. Tous nos arts, j'entends les arts les plus nécessaires, sont encore dans l'enfance, & malgré les lumieres si éclatantes de notre siecle, notre Agriculture, comme je l'ai dit dans la seule Richesse du peuple, n'est encore que gaspillage; au moins par-tout où elle peut l'être.

Mais tout dort; on dort dans les villes, on dort dans les campagnes, & pendant que tout dort, nous avilissons nos Vins, nous en perdons une partie, & nous en laissons réguliérement chaque année un quart ou un cinquieme dans le sein de la terre; chaque année, nous perdons de la même maniere, une partie de nos moissons & de nos grains, une partie de nos troupeaux & de nos beſtiaux, & une infinité d'autres biens, dont nous manquons & dont nous ſommes forcés, pour notre propre ſubſiſtance, de nous pourvoir ailleurs ; tandis qu'avec moins d'engourdiſſement & à la faveur de l'inſtruction, il nous ſeroit ſi facile d'en avoir aſſez pour nous & pour d'autres. Je ſais que rien n'eſt plus oppoſé à l'économie que le gaſpillage, & que, dans ce ſiecle, où le mot économie eſt dans toutes les bouches & dans tous les écrits, les pertes immenſes & très-anti-économiques que je viens d'articuler, doivent paroître peu croyables ; mais pourtant il faut les croire, mes découvertes en font foi, & on ne peut infirmer leur témoignage qu'en les détruiſant elles-mêmes, & qu'en les détruiſant par des faits *égaux en force, en nombre & en autorité*, à ceux qui en démontrent la certitude. Mais où trouver ces faits? Et ſi on ne les trouve pas, comment nier l'aviliſſement de nos Vins, la perte annuelle d'une partie conſidérable de nos moiſſons & de toutes nos recoltes ?

13°. Comme je ſuppoſe que les raiſins auront été auſſi parfaitement foulés qu'il étoit poſſible, j'eſtime qu'en général, on ne doit point ſéparer le Vin du preſſurage d'avec celui de la cuve.

Auſſi-tôt, & dès le jour même que les tonneaux seront emplis, on couvrira de feuilles de vignes, & avec des tuileaux, leur embouchure. Les Vins, bien façonnés & décuvés suivant mes principes, ne jettent point & n'ont aucune ébullition dans les tonneaux, au moment même où ils viennent d'y être mis, ou du moins, ils n'en ont que très-peu & à raison du Vin du pressurage.

On remplira, ou houillera le Vin une fois au moins dans les premiers jours, & jusqu'à ce que les futailles soient abreuvées.

Dès que le Vin sera froid, & non plus tard, on le bondonnera & on le remplira tous les huit jours dans le premier mois, tous les quinze jours dans le second, & ensuite tous les mois, mais toujours plus souvent que moins.

Matieres des Leçons qui composeront l'Ouvrage entier que j'ai annoncé sur les Vins, avec l'annonce de la seule Richesse du Peuple.

PREMIERE Leçon sur le temps juste où il faut couper la vendange. Cette Leçon, si nécessaire & si importante, sur-tout en certaines années, peut être regardée comme la premiere partie de l'Ouvrage.

Seconde Leçon sur la Grappe ou Rafle; c'est la même que j'ai jointe au moyen de conserver les Vins.

Troisieme Leçon sur le foulage de la vendange, avec les principes fondamentaux du parfait foulage des raisins, les faits qui prouvent la nécessité & les avantages de la perfection du foulage, la description de la nouvelle fouloire que j'ai imaginée, les grands avantages de cette fouloire absolument nécessaire, à raison *de la perfection, de la commodité & de l'économie du foulage*, à toutes les personnes qui sont dans l'usage & le pouvoir de faire fouler les raisins avant de les jetter dans la cuve.

Quatrieme Leçon sur les raisins bouillans, &c.

Cinquieme Leçon sur la nécessité & la maniere de couvrir les cuves.

Sixieme Léçon sur la maniere de conduire les cuves avant & après le foulage de la vendange, jusqu'au tirage du Vin, avec la critique des abus, en tout point, dans la maniere actuelle de conduire la fermentation.

Septieme Leçon ou Problême sur le temps juste du décuvage des Vins, avec les principes & les faits nécessaires pour résoudre cette question aussi difficile qu'importante.

Huitieme Leçon ou premier Procédé pour faire les Vins rouges avec la nouvelle fouloire. Ce Procédé s'accorde dans le plus grand nombre des points avec le suivant.

Neuvieme Leçon; ou second Procédé pour faire les Vins rouges, à l'usage de tous les Propriétaires des Vignes, particuliérement des Vignerons & des Propriétaires assujétis à la banalité des pressoirs; c'est celui que je viens de donner, & que j'ai adapté à l'usage de tous les Propriétaires & Vignerons.

Ces huit dernieres Leçons forment la seconde Partie de l'Ouvrage & la totalité de la Manipulation générale des Vins.

La dixieme Leçon, ou le Moyen de conserver les Vins, &c. est la troisieme Partie de l'Ouvrage; c'est celle à laquelle j'ai joint le présent Procédé.

Les Leçons suivantes composeront la quatrieme Partie, & sont absolument indépendantes des trois premieres, comme elles le sont entr'elles. Voici ces Leçons.

Onzieme Leçon, ou Procédé particulier pour concentrer le mout, & en extraire sans feu & par un moyen simple, la partie aqueuse, surabondante dans presque toutes les années, mais singuliérement dans les années & les vendanges pluvieuses. Ce procédé qui seroit souvent nécessaire pour la plus grande qualité possible des Vins, & sur tout des Vins destinés pour l'étranger, est d'une exécution moins facile que les deux précédens; mais aussi, dans les circonstances où il est d'usage, il est beaucoup plus parfait, & peut donner d'excellens Vins, où les autres n'en donnent que de bons, & peut les donner à très-peu de frais.

Douzieme Leçon, ou Procédé pour faire les Vins rouges *fins*, & en prolonger la durée, sans en altérer la finesse, ni leur donner une plus grande intensité de couleur.

Treizieme Leçon, ou Procédé pour faire les Vins blancs dans les années où ils ont beaucoup de verdeur.

Quatorzieme & derniere Leçon, ou la Maniere de gouverner les Vins après qu'ils sont faits.

Je ne m'arrêterai point à faire remarquer l'importance de toutes ces différentes Parties, je pense qu'il suffit de les avoir exposées; mais je ne puis trop inviter les personnes qui les désireront, à ne point me faire attendre leurs demandes, & à me les adresser au plutôt. Avec cette attention, il ne sera peut-être pas en mon pouvoir de les satisfaire & sur-tout de les satisfaire pleinement; mais bien sûrement je les satisferai encore moins si elles ne m'en pressent pas.

La seule Richesse du Peuple, ou Moyen de faire baisser le prix de toutes les subsistances, m'est demandée par quelques perſonnes. Si, d'ici à quelques mois elle l'eſt ſuffiſamment, j'en donnerai une ſeconde édition, à laquelle je joindrai les lettres & les inſtructions dont j'ai fait mention au commencement de cet Ecrit.

Au moyen de ces nouvelles inſtructions, tous les Cultivateurs, Propriétaires ou non, pourront aller & agir en pleine connoiſſance de cauſe, & il ne tiendra qu'à eux, en profitant des vues générales que j'ai données ſur toutes les cultures & l'adminiſtration de toutes les parties rurales, de s'enrichir, d'enrichir l'Etat, & de mettre le pauvre peuple à l'abri de la famine & de la miſere.

A l'égard du nouveau plan, plus économique encore, que j'ai annoncé pour la culture des grains ſeulement, je ne le donnerai pas, & je ne dois pas le donner. J'y renonce.

J'avoue qu'il eſt peu croyable que la même quantité de labours & d'engrais qu'on emploie aujourd'hui, puiſſe donner, ſinon le double, au moins la moitié plus de productions que cette même quantité n'en donne à préſent. J'avoue encore qu'il eſt difficile de croire poſſible de féconder & de fertiliſer les terres les plus ſtériles & les plus ingrates, au point de faire rapporter à une grande partie de ces terres d'auſſi beau bled que dans la plaine de Louvres, &, à tout prendre, *à moins de frais.* Mais après toutes les découvertes que j'ai données au Public; après les expériences perſonnelles que j'ai citées, & les offres que j'avoir faites, de répéter ces expériences ſous les yeux de tout Paris; après la ſeule Richeſſe du Peuple, où j'ai établi ſi ſolidement les vrais & les grands principes de l'Agriculture; je devois en être cru, aſſez au moins pour que mon nouveau plan me fût demandé. Il ne l'a pas été, ou du moins il ne l'a pas été par le Public; je ne le lui dois pas, & je ne le lui donnerai pas.

FIN.

www.ingramcontent.com/pod-product-compliance
Lightning Source LLC
LaVergne TN
LVHW020447230826
846091LV00004B/1586
* 9 7 8 2 0 1 1 9 1 0 8 2 0 *